EDICT DV ROY

DE L'ERECTION EN TILTRE

D'OFFICES DE RECEVEVRS DES CONſignations en main tierce, par iugemens, ou par depoſts volontaires: Et des droits, prerogatiues & ſalaires d'iceux. Auec Declaration & Commiſſion de ſa Majeſté.

A PARIS,

Chez F. Morel, & P. Mettayer Imprimeurs & Libraires ordinaires du Roy.

M. DC. XVIII.

EDICT DV ROY DE L'ERECTION

en tiltre d'offices de Receueurs des Consigna-
tions en main tierce, par iugemens, ou par de-
poſts volontaires : Et des droiĉts, prerogati-
ues, & ſalaires d'iceux.

ENRY par la grace de Dieu Roy de Frā-
ce & de Polongne, A tous preſens & à
venir. Comme nous ayons cy deuant receu pluſieurs plainĉtes particulieres de
nos ſubieĉts, des abus qui ſe cōmettent en ce Royaume, au maniement des deniers qui ſont par ordonnance de nos Iuges & officiers iournellement
conſignez, mis en garde ou depoſt, ſoit és mains
des Greffiers, Notaires, Tabelliōs, Commiſſaires,
Examinateurs, Huiſſiers, Sergens, & autres. Com-
bien que par leur eſtabliſſement & prouiſion de
leurs offices, nous ne leur ayons attribué aucun
pouuoir de receuoir, & garder ladite nature de deniers, iuſques à preſent ont eſté leſdites conſignations faiĉtes à l'option de nos Iuges, qui y auroient
commis telles perſonnes que bon leur a ſemblé.
Leſquels pour eſtre payez de la garde deſdits deniers depoſez, conſignez, & ſequeſtrez, font infinies
exactions : quelquesfois ſont auſſi depoſez & conſignez entre les mains des marchands, la pluſpart

A ij

deſquels ſont parents & alliez de nos Iuges, & Officiers. Par leſquels, au cas que les parties ne con-
deſcendent à leur payer ce qu'ils veulent exiger
d'eux, ſe font faire taxes exceſſiues pour leurſdites gardes, traffiquãts deſdicts deniers auec noſdits
Officiers, ou bien les baillent à profict ou intereſt,
s'aſſeurans que noſdicts Officiers feront prolonger
le procez le plus qu'ils pourront, pour ce-pendant
eux ayder deſdits deniers. Et aduient le plus ſouuent, que lors que leſdits depoſitaires ſont con-
damnez vuider leurs mains deſdits deniers, noſdits ſubjets collitigans ſont contraints faire proceder par ſaiſies & empriſonnemens de leurs perſonnes & biens. Pendant leſquelles pourſuites l'on
a veu arriuer, que leſdits Marchands ont fait ceſſion de biens, & s'en ſont fuis auec leſdits deniers,
ou les ayans preſtez, les ont ſi mal aſſeurez, qu'il
n'y a moyen d'vne part ny d'autre d'en pouuoir tirer quelquefois la moitié. Et au regard deſdits Huiſſiers ou Sergens conuoiteux de toucher deniers
pour eux en aider, reçoiuẽt tous oppoſans, & le plus
ſouuent ſuſcitent perſonnes pour s'oppoſer à la deliurance des deniers procedans des executions par
eux faictes, ou conſignez entre leurs mains. Au
moyen dequoy les parties ſont contraintes remet-
tre leurs droicts, & quitter la plus grand part de
leurs deniers pour auoir l'autre, & obuier auſdits
proces, à la ſuſcitatiõ ainſi que dit eſt, deſdits Huiſſiers ou Sergens qui n'en veulẽt vuider leurs mains,
encores que ſur leſdites oppoſitions ſoient inter-
uenuës Sentences ou Arreſts, recherchent autres
ſubtilitez, & ſe trouuent en fin leſdits Huiſſiers &
Sergents ordinairement inſoluables. Ioinct qu'il
eſt notoire que la caution qu'ils baillent, n'excede

point deux cens liures au plus:defquelles confignations & depofts ainfi faicts que dit eft, nos fubiects, & les Marchands eftrangers trafiquans en ce Royaume, à faute d'y auoir cy deuant donné l'ordre qui y eftoit requis, & fpecialement d'auoir commis pour faire ladicte recepte, gens de bien cautionnez & certifiez foluables & fuffifants, ayants ferment à nous & à Iuftice, ont fouffert grandes & ineftimables pertes. A quoy defirans pouruoir, & releuer nofdits fubiects de telles vexations & pertes, & faire en forte que les deniers qui feront cy apres confignez, depofez, garnis ou fequeftrez, foient fidellement, & à la conferuation du droict de chacun de nofdits fubiects, gardez en la mefme nature & efpeces qu'ils feront baillez & deliurez, fans aucune exaction.

S ç A V O I R F A I S O N S, que pour les fufdites caufes, & autres à ce nous mouuans, de l'aduis des gens de noftre Confeil Priué, Auons par Edict perpetuel & irreuocable creé & erigé, creons & erigeons en tiltre d'Office formé, en chacune des villes, bourgs, & bourgades de celtuy noftre Royaume, efquelles y a Cour de Parlement, Chambre de nos Comptes, Cour des Aydes, des Monnoyes, & Threfor, Forefts, Conneftablie, Marechauffee de France, Bailliages, Preuoftez, Senechauffees, Vicomtez, Mairies, Vigueries, Iuges, & Confuls des Marchands, des Hoftels communs de nos villes, & generalement en tous les Sieges, Iuftices, & Iurifdictions de cedit Royaume, où la Iuftice eft exercee foubs noftre nom, & les hauts Iufticiers, mefmement en noftre Priué, & Grand Confeil, & Preuofté de noftre Hoftel: vn Receueur qui fera recepte, & fe chargera, & obligera comme pour nos propres deniers, de tous & chacuns les deniers qui seront cy apres consignez, soit par ordonnance de nosdits Officiers, ou par deposts volontaires entre Marchands, & particuliers, tous Sequestres & Executions, Sentences, ou Arrests diffinitifs, interlocutoires, prouisions, garnissemens, mesmes des deniers prouenans des decrets d'heritages, pendant que l'on tiendra l'estat des oppositions, pour estre lesdits deniers par nostredit Receueur distribuez: & generalement de tous autres deniers qui seront desboursez, consignez, ou garnis par Arrest, Sentence, ou Iugement de nosdits Officiers, ciuilemét ou criminellement, en quelque sorte que ce soit, sans en faire aucune exception, mesmes tous deniers arrestez entre les mains de nos Huissiers ou Sergents: Et de ceux des haults Iusticiers, procedans des executions par eux faictes, & sur lesquelles interuiendront oppositions. Lesquels deniers arrestez, lesdits Huissiers & Sergens deliureront incontinent entre les mains de nosdits Receueurs nouuellement creez, sur peine de priuation de leurs estats, & d'amende arbitraire. Lesquels Receueurs ainsi creez que dit est, iouyront de semblables honneurs, auctoritez, prerogatiues, preéminences, exemptions, franchises, & libertez que font nos autres Receueurs: Et auront pour tous gages six deniers pour liure de ce que se monteront lesdictes Consignations, sequestres, garnissemens & deposts: lesquels six deniers pour liure ils receuront par leurs mains sur lesdits deniers, sans que pour la longueur du temps de ladite garde, ils puissent prédre autre plus grande taxe ny salaire, ny changer les especes, dont ils feront bordereaux au pied de leurs recepissez, qu'ils bailleront à chacune des parties, à peine de priuation de leurſdits offices. Voulons auſſi que les deniers qui ſe trouuerõt lors de la publication de noſtre preſent Ediĉt conſignez entre les mains de noſdits Greffiers, Commiſſaires, & autres, ſoient par eux remis entre les mains de noſdits Receueurs nouuellement creez, qui s'en chargeront à la deſcharge des deſſuſdits, ſans que noſdits Receueurs puiſſent pretendre pour ladiĉte garde aucune taxe ny ſalaire : mais leſdits premiers gardiens, ou depoſitaires, leſquels apres auoir remis leſdits deniers, ſe retireront pardeuers noſdiĉtes Cours ou Iuges, pour leur eſtre fait taxe raiſonnable, & telle qu'ils aduiſeront. Et en leur refus ſerõt leſdits depoſitaires contraints comme pour nos propres deniers & affaires. Et leſquels Receueurs ſeront tenus de bailler caution pardeuant les Iuges des lieux pour la ſeureté deſdiĉtes Conſignations. Sçavoir ceux de nos Priué & Grand Conſeil, & Cours de Parlemẽts, de quinze mil liures pour eux & leurs commis : Et ceux qui ſeront eſtablis à nos ſieges Preſidiaux, de moiĉtié de ladiĉte ſomme : Et à nos autres Iuſtices inferieures, à l'arbitrage de nos Iuges, de moiĉtié ou autre ſomme moderee & raiſonnable, que nous remettõs à leur aduis & diſcretion : Leur defendant auſſi treſexpreſſement ſur les meſmes peines, d'ordonner à l'aduenir, ne permettre ou ſouffrir qu'aucune conſignation, depoſt, ou garniſſement ſoit faiĉt ailleurs qu'entre les mains de noſdits Receueurs : & à tous nos ſubjets de les conſigner en autre main, volontairement ou autrement, en quelque ſorte que ce ſoit, à peine de confiſcation deſdits deniers à noſtre profit. Au cõtraire, enjoignons à noſdits Iuges en ce cas, de proceder ſommairement à l'adiudication deſdiĉtes confifcations , & d'en faire mettre les deniers és mains defdits Receueurs nouuellement creez, par les mefmes contraintes qu'il eſt accouſtumé faire pour nos autres deniers , nonobſtant oppoſitions , ou appellations quelſconques : pour lefquelles , & fans preiudice d'icelles , ne voulons eſtre differé. Defquels deniers confifquez, iceux Receueurs nous tiendront compte , & vuideront leurs mains en celles des Receueurs Generaux de nos Finances des Prouinces efquelles lefdites receptes des Confignations feront eſtablies, retenans neantmoins lefdits droicts de fix deniers pour liure, fur ladicte nature de deniers confignez, que voulons eſtre rabatus à nofdits Receueurs generaux en l'audition de leurs comptes audit cas de confifcation, par nos amez & feaux les gens de nos Comptes de nos Prouinces, où il y aura Chambres des Comptes eſtablies. Aufquels nous mandons ainfi le faire fans difficulté : fans que des autres deniers confignez, depofez ou fequeſtrez , ils foient tenus rendre compte en nofdictes Chambres, mais en vuideront leurs mains par les mandeméts, Sentences,& Arreſts qui leur feront fignifiez , fans aucun delay, ou bien par accord des parties, fi les confignations font volontaires.

Si DONNONS en mandement à nos amez & feaux les gens tenans nos Cours de Parlement, Grand Confeil, Chambre des Comptes , Cour des Aydes, Preuoſts , Baillifs , Senefchaux , & à tous nos autres Iufticiers & Officiers qu'il appartiendra, que ces prefentes nos lettres d'Edict ils facent lire, publier, & enregiſtrer : Et du contenu en icelles iouyr pleinement & paifiblement lefdits Receueurs nouuellement creez, qui feront par nous

pour-

pourueus en vertu de ce prefent Edict, fans y faire
aucune longueur, reftrinction, modification, ou
difficulté : nonobſtant quelques Edicts, Ordonnances, Couſtumes, Statuts, & Loix à ce contraires, oppoſitions ou appellations quelsconques,
dont ſi aucunes eſtoient interjectées, nous auons
retenu & reſerué, retenons & reſeruons à nous &
à noſtre Conſeil Priué la cognoiſſance : & icelle
interdicte & defenduë à toutes nos Cours & Iuges
quelsconques, par ces preſentes : Enjoignons à
noſtre Procureur general en noſdites Cours tenir
la main, requerir, & pourſuiure en toute diligence, & tous affaires ceſſans, ladite publication, &
incontinent enuoyer à leurs Subſtituts des Bailliā-
ges & Seneſchauſſees de leurs reſſorts, le Vidimus
de ces preſentes, pour y eſtre faict le ſemblable:
comme auſſi leurs Subſtituts eſdits Bailliages &
Seneſchauſſees feront tenus les enuoyer aux ſieges
particuliers, reſſortiſſans deuant eux, à peine de
ſuſpenſion de leurs offices. Car tel eſt noſtre plaiſir. Et à fin que ce ſoit choſe ferme & ſtable à touſiours, nous auons fait mettre noſtre ſeel à ceſdites
preſentes ſauf en autres choſes noſtre droict, &
l'autruy en toutes.

Donné à Paris au mois de Iuin, l'an de grace
mil cinq cens ſoixante & dixhuict, Et de noſtre regne le cinquieſme. Signees ſur le reply, par le Roy.
DE-NEVFVILLE.　　Et à coſté,　VISA.
Et ſeellees ſur laqs de ſoye rouge & verd, en cire
verde, du grand ſeel.

*Leuës, publiees, & regiſtrees, oy & conſentant le Pro-
cureur general du Roy, à Paris en Parlement, le Roy y
ſeant, le vingt-ſixieſme iour de Iuillet, l'an mil cinq cens
quatre-vingts. Ainſi ſigné,　DV TILLET.*

Leues, publiees, & regiſtrees ſemblablement en la Chambre des Comptes, oy & ce conſentant le Procureur general
du Roy, du tres-expres commandement dudit Sieur pluſieurs fois reiteré, tant de bouche que par eſcrit, & ſuiuant
la verification faiɛte par ſa Maieſté, ſeant en ſon Parlement, le vingt ſixieſme iour de Iuillet dernier: le vingt ſixieſme iour d'Aouſt, l'an mil cinq cens quatre vingts.
  Signé,   DANES.

Leues, publiees, & regiſtrees en la Cour des Aydes à
Paris, oy & ce conſentant le Procureur general du Roy, du
tres-expres commandement dudit Sieur par pluſieurs fois
reiteré tant par ſes Lettres patentes en forme de Iuſſion,
que de bouche: & apres auoir oy le rapport des Cõmiſſaires
mandez par ledit Seigneur à ceſte fin, le vingthuiɛtieſme
iour de Mars, l'an mil cinq cens quatre vingts & deux
  Signé,   DEPARS.
Par commandement de ladiɛte Cour.

EDICT DV ROY DE LA RE-VNION
à ſon Domaine de la recepte des conſignations & re-
vente d'icelles, à faculté de rachapt perpetuel, & commiſſion pour ceſt effeɛt: auec l'Ediɛt de l'ereɛtion de ladite recepte en titre d'office, & des droiɛts, prerogatiues
& ſalaires d'icelle, Declarations interuenues ſur ledit
Ediɛt, & Arreſts de la Cour des Aydes & Conſeil d'E-
ſtat.

HENRY par la grace de Dieu Roy de
France & de Nauarre: A tous preſens &
aduenir, Salut. Eſtans contraints par la
neceſſité de nos affaires de rechercher
toutes ſortes de moyens de recouurer deniers pour
ſubuenir aux grandes charges & deſpenſes que

nous auons à supporter pour les fraiz de la presente guerre, & conseruation de nostre Estat: Et nous
ayant esté proposé en nostre Conseil que nous
pourrions tirer quelque secours de la re-vnion à
nostre Domaine & vente à faculté de rachapt perpetuel des receptes des consignations des Bailliages, & autres iurisdictions de nostre Royaume
puis n'agueres distraites & separees du corps de nos
Greffes d'icelles. Sçavoir faisons que nous ayãs
mis cest affaire en deliberation en nostredit Conseil, & de l'aduis d'iceluy, Auons par cestuy nostre
Edict perpetuel & irreuocable, re-vny, joint, &
incorporé, re-vnissons, joignons & incorporons
à nostre Domaine, toutes & chacunes les receptes
de consignations erigees en titre d'office formé,
par Edict du mois de Iuin, mil cinq cens soixante
& dixhuict. Ordonnons, voulons & nous plaist
qu'il soit procedé à la vente desdictes receptes au
plus offrant & dernier encherisseur, pour iouyr par
les acquereurs, & leurs successeurs en Domaine, &
à faculté de rachapt perpetuel : aux mesmes honneurs, droicts, profits & esmolumens , que sou-
loient auoir & prendre les Greffiers lors qu'ils ex-
erçoient lesdictes receptes & aux charges, clauses
& conditions portees par ledit Edict du mois de
Iuin, mil cinq cens soixante & dixhuict, à la charge des doublemens & tiercemens, & tout ainsi que
l'on a accoustumé vendre & aliener nostredit Domaine, ausquels adiudicataires lesdits Receueurs
en office seront contraints comme pour nos propres deniers, deposer toutes les sommes qui sont
consignees entre leurs mains, enquoy faisant ils en
seront deschargez par la simple quittance des adiudicataires & acquereurs en Domaine, reserué les

six deniers pour liure à eux attribuez par ledit E-
dict qu'ils pourrôt retenir par leurs mains: Et à faute de representer toutes lesdites côsignations, voulons qu'apres la declaration par eux faicte, signee
& iuree, s'il s'en trouue dauantage, ils soient contraints comme pour nos propres deniers & affaires, par saisie & vente de leurs biens, & autres voyes
deuës & raisonnables, de representer toutes lesdites consignations ainsi recelées, & payer le double
d'icelles, applicables les deux tiers à nous, & l'autre tiers aux denonciateurs, sans que ladite peine
puisse estre moderee. Et afin que lesdits deniers
ainsi consignez & mis és mains desdits acquereurs
en Domaine, soient mieux asseurez aux parties à
qui ils appartiennent, iceux acquereurs seront tenus bailler caution ainsi que lesdits Receueurs en
titre d'office, & outre ce auons dés à present declaré lesdites receptes en Domaine affectees, &
hypothecquees ausdictes consignations preferab-
lement à toutes autres hypotheques, quelque
priorité ou priuilege qu'ils puissent auoir. Voulons
neantmoins, ordonnons & nous plaist, que ceux
qui ont esté pourueus desdites receptes en titre
d'office auparauant qu'ils en soient depossedez
qu'ils soient actuellement payez & rembourfez
des deniers qu'ils monstreront estre entrez en nos
coffres, sans fraude ou desguisement, & outre de
la somme de dix escus pour les frais de leurs prouisions.

Si donnons en mandement à noz amez & feaux
les gens tenans nos Cours de Parlement, & chambres de noz Comptes, que ces presentes ils verifient & facent publier & enregistrer, & du contenu d'icelles, iouyr & vser lesdits acquereurs, &

leurs succeſſeurs pleinement & paiſiblement, ceſ-
ſant & faiſant ceſſer tous troubles & empeſche-
mens au contraire: car tel eſt noſtre plaiſir. Et afin
que ce ſoit choſe ferme & ſtable à touſiours. Nous
auons fait mettre noſtre ſeel à ceſdictes preſentes,
ſauf en autre choſe noſtre droict, & l'autruy en
toutes.

Donné à Laon au mois d'Aouſt, l'an de grace
mil cinq cens quatre vingts quatorze. Et de noſtre
regne le cinquieſme.

Ainſi ſigné,   HENRY.
Et ſur le reply, par le Roy.   POTIER.
Et à coſté,   VISA.
Et ſeellées ſur lacs de ſoye rouge & verd, en cire
verde du grand ſeel.

Leuës, publiées & regiſtrées, ouy le Procureur general
du Roy du tres exprez & reiteré commandement dudit
Seigneur, apres tres humbles remonſtrances à luy faictes:
à la charge que ceux qui ſeront pourueus des offices de Receueur des conſignations auant que d'entrer en exercice,
bailleront bonne & ſuffiſante caution pardeuant les Iuges
des lieux. Auſquels la Cour enioint y auoir l'œil pour la
ſeureté des deniers conſignez, à peine d'en reſpondre: Et
ſera permis aux parties conuenir de bons & notables Bour-
geois & Marchans pour la garde des deniers, ſans que le
Receueur les puiſſe empeſcher, leur payant toutesfois les
Droicts de conſignatiõ. Et a la Cour fait inhibition & def-
fence à toutes perſonnes de quelque qualité & condition
qu'ils ſoient de toucher aux deniers conſignez, iceux enleuer & detourner, & aux Receueurs de les deliurer ſans
ordonnance des Iuges, à peine de repetition, dommages &
intereſts des parties, dont eux, leur caution & heritiers ſeront reſponſables en leurs priuez noms. A Paris en Parlement le 21. iour de Mars 1595. Ainſi ſigné, Du Tillet.

DECLARATION DV ROY, POVR

la Reuente des Receptes des Consignations, cy deuant vendues en Domaine à faculté de Rachapt perpetuel, & proceder à la vente de ceux qui restent à vendre, auec la Iussion pour proceder à la verification de ladicte Declaration, & Commission des Commissaires deputez par sa Majesté, pour l'execution d'icelles.

ENRY par la grace de Dieu Roy de France & de Nauarre, à tous ceux qui ces presentes lettres verront, Salut; Sçauoir par nostre Edict du mois d'Aoust, an 594. deuëment verifié où besoin a esté, & pour les causes y contenuës: Nous auons reüny, joint & incorporé à nostre Domaine, tous les Offices des Receueurs des Consignations en nos Parlemés, Requestes du Palais, & de nostre Hostel, Grand Conseil, chambres de nos Comptes, Cours des Monnoyes, des Aydes, Tresor & Eauës & Forests: Connestablie, Mareschaussees, Bailliages, Seneschaussees, sieges Presidiaux, Vicótez, Mairies, Iuges-Consuls, Chastellenie, Preuostez & toutes autres Iurisdictions Royales. Que par autre Edict du mois de Iuin, an 578. faict par le feu Roy dernier decedé nostre tres-honoré seigneur & frere, que Dieu absolue, auroient esté creez & establis en tiltre d'office, & ordonné par nostre Edict que lesdits offices seroient vendus au plus offrant & dernier encherisseur, pour en iouyr les acquereurs & leurs successeurs hereditairement en Domaine, à la charge toutesfois de rachapt perpetuel : lesquelles ventes auroient esté faites en ladite annee 1594. quasi en toutes les iurisdictions, non toutesfois à iuste prix , à cause que lors d'icelle vente , & adiudication les troubles estoient encores grands , & quasi toutes nos villes detenues & occupees par ceux qui lors nous faisoient la guerre, en sorte que notoirement nous n'en aurions tiré la moictié de leur iuste valeur, ce qu'ayant fait mettre en deliberation en nostre Cõseil, & trouué qu'en consequence de la faculté de rachapt perpetuel, que nous nous sommes reseruez par nostredit Edict du mois d'Aoust,1594.nous pouuons iustement & sans faire tort ausdits acquereurs reuendre lesdits offices,& en tirer la plus-valeur en leur remboursant de ce qu'ils nous en ont payé sans fraude ne desguisement , ensemble de leurs loyaux cousts,fraiz & mises. Avons de l'aduis de nostre Cõseil, & de nostre certaine science,pleine puissance & autorité speciale, dit & declaré, disons & declarons par ces presentes , nostre vouloir & intentiõ estre de rachepter & de reünir derechef en nostredit Domaine tous lesdits offices de Receueurs des cõsignatiõs en chacun de nos Parlemens, Requestes du Palais, & de nostre Hostel, Aydes, grand Conseil, chambre des Comptes, Cours des Monnoyes, Tresor , Eaües & Forests, Connestablie, Mareschaussees, Bailliages , Seneschaussees, sieges Presidiaux, Vicomtez, Mairies, Iuges-Cõsuls, Chastellenies, Preuostez & toutes autres iurisdictions Royales & subalternes vendues & alienees,en vertu de nostre Edict du mois d'Aoust,an 594.par les Commissaires que nous auons à ce deputez.

Voulons & nous plaist, que les acquereurs

d'iceux offices foient tenus de prendre le rembour-
fement de ce qu'ils nous en ont payé fans fraude &
defguifement, comme dit eft, enfemble de leurs
loyaux coufts, fraiz & mifes, que nous auons ta-
xez & liquidez à la fomme de dix efcus, pour chacune prouifion ou adiudication qui leur feront
payez realement & de faict auant que de pouuoir
eftre depoffedez. Lefquels offices, nous voulons
eftre reuendus: comme auffi ceux qui reftent à vendre hereditairement, & en domaine au plus offrant & dernier encheriffeur, en la forme & maniere accouftumee par les Commiffaires qui feront à
ceft effect par nous deputez, pour iouyr par les acquereurs ou leurs fucceffeurs, ou ayans caufe aux
mefmes honneurs, droicts, profits, efmolumens,
priuileges, exemptions, franchifes & libertez, contenus & portez par les Edicts du mois de Iuin 1578.
Declaration fur ce interuenuë, Edict de Re-vnion
à noftre Domaine au mois d'Aouft 1594. aux charges & conditions portees par iceux, tout ainfi que
l'on a accouftumé vendre & aliener noftre Domaine. Si donnons en mandement à nos amez
& feaux Confeillers, les gens tenans noftre Cour
de Parlement, Requeftes du Palais, & de noftre
grand Confeil, chambre de nos Côptes, Cours des
Aydes, Preuofts, Baillifs, Senefchaux, & à tous autres officiers & iufticiers qu'il appartiendra, que
cefte noftre prefente Declaration, ils facent lire,
publier, & enregiftrer, & le contenu en icelle garder, & obferuer de poinct en poinct, felon fa forme
& teneur. Nonobftant quelfconques Edicts, Ordonnances, Couftumes, ftatuts & loix à ce contraires, nonobftant auffi oppofitions ou appellations
quelfconques, pour lefquelles ne voulons eftre
differé.

differé. Car tel eſt noſtre plaiſir. En teſmoin dequoy, nous auons fait mettre & appoſer noſtre ſeel
à ceſdites preſentes, ſignees de noſtre propre main,
Données à S. Germain en Laye, le 13, Iuillet, l'an de
grace, 1598. Et de noſtre Regne le dixieſme.
Signé, HENRY. Et plus bas par le Roy.
POTIER. Et ſeellees en double queuë de cire jaune, & ſur le reply eſt eſcrit, Regiſtree, ouy le Procureur general du Roy : apres que tres-humbles
remonſtrances ont eſté faites audit Seigneur aux
charges contenuës au Regiſtre de ce iour. A Paris
en Parlement le 19. Feurier 1600.

Signé, VOISIN.

HENRY par la grace de Dieu Roy de
Frãce & de Nauare, à nos amez & feaux
Conſeillers, les gens tenans noſtre Cour
de Parlement à Paris, Salut. Par nos lettres patentes en forme de Declaration du 13. Iuillet
1598. Nous aurions ordonné que les receptes des
Conſignatiõs en nos Parlemens, Requeſtes du Palais, de noſtre grand Conſeil & autres mentionnez
en noſdites lettres ſeroient en executant l'Ediĉt du
deffunĉt Roy noſtre tres-honoré ſeigneur & frere,
que Dieu abſolue, du mois de Iuin 1578. re-vnis
à noſtre Domaine & reuendus à faculté de rachapt
perpetuel, pour des deniers qui prouiendroient de
la reuente d'iceux eſtre receus par le ſieur de Chãp-
ferrand, & employez à l'acquit & deſcharges de
nos debtes ſuiuant le contraĉt qu'aurions fait auec
luy le 18. Mars, 1595. que de celles de noſtre treſcher
& tres-Amé Couſin le Duc de Mayenne, ſur & en

deductiõ de ce que luy auons accordé par son traité, conformément aux contracts aussi faits auec ledit de Champferrand par nostredit Cousin, le 4. de
Mars & 18. Iuillet 98. Lesquelles vous auroiēt esté
presentees pour proceder à la verification d'icelles.
A quoy au lieu de satisfaire promptement vous
auriez aduisé de nous faire sur ce tres-humbles Remonstrances. Lesquelles ayans entendues de bouche par aucuns de nos Amez & feaux Presidens &
Conseillers en nostredite Cour que auriez à ce cõ-
mis & deputez. Nous leur aurions aussi de bouche
declaré nostre vouloir & intētion estre, que nosdites lettres de Declaration soient par vous verifiees,
& desirant le contenu d'icelles executé. Vovs mandons & expressément enjoignons par ces presentes
signees de nostre main, que vous ayez à proceder à
la verification de nosdites lettres de Declaration de
poinct en poinct, selon leur forme & teneur, & au
contenu de ces presentes sans plus en faire de difficulté en quelque sorte & maniere que ce soit, &
sans attendre de nous aucune plus ample & parti-
culiere Declaration de nostre volonté que ces presentes qui vous seruiront de finale Iussion: nonobstant vosdites remonstrances & empeschemés que
vous pourriez faire au contraire. Donné à Paris, le
7. iour de Feurier, l'an de grace 1600. Et de nostre
regne l'vnziesme. Signé, HENRY. Et plus bas par
le Roy. POTIER. Et seellé en queuë de cire jaune, &
au dessus est escrit, Registrees, ouy le Procureur
general du Roy, apres que tres-humbles Remonstrances ont esté faites audit seigneur, aux charges
contenues au Registre de ce iour, à Paris en Parlement le 19. Feurier 1600. Signé, VOISIN.

HENRY par la grace de Dieu Roy de France & de Nauarre, à nos Amez & feaux Conseillers tenans nostre Cour de Parlemēt, & chambre de nos Comptes à Paris, Salut. Comme pour l'execution de nostre Edit du mois d'Aoust 1594.

contenant la re-vnion de nostre Domaine des Receptes des consignations & vente d'icelles à faculté de rachapt perpetuel, en ce qui reste à executer, ensemble de la Declaration par nous depuis faicte sur la reuente desdites Receptes du treiziesme iour de Iuillet, an cinq cens quatre vingts dixhuit, il soit besoin de commettre des personnages d'honneur & de dignité, qui sçachent bien & deuëment s'en acquiter. Nous pour la parfaite cognoissance que nous auons de l'intelligence, suffisance & grande experiēce de nos Amez & feaux Maistres Edouard Mollé, Guillaume Deslandes, & Charles Faye Conseillers en nostredite Cour de Parlement, les auons commis & deputez, commettons & deputons par ces presentes, pour ensemblément ou les deux en l'absence de l'autre proceder à l'execution de nostre Edict du mois d'Aoust, mil cinq cents quatre vingts quatorze, Declaration du treiziesme Iuillet, an cinq cens quatre vingts & dix-huict, & nos lettres Patentes en forme de Iussion du septiesme Feurier dernier, le tout deuëment verifié en nostre Cour de Parlement. Pour ce mandons ausdits sieurs Mollé, Deslandes, & Faye, qu'ils ou l'vn d'eux ayent en toute diligence à se transporter

C ij

ſi beſoin eſt en toutes les Villes, & autres lieux du Parlement de Paris qu'ils trouueront plus à propos, ou bien deputer ou ſubdeleguer de nos Officiers, dont l'integrité & affection à noſtre ſeruice, leur ſoit cogneue, pour appeller les ſubſtituts de noſtre Procureur General, ſur les lieux, faire faire les proclamations neceſſaires pour la vente & reuente deſdites receptes des Conſignations , receuoir les encheres, doublemens & tiercemens, & les renuoyer pardeuant eux pour eſtre procedé à l'adiudication & deliurance au plus offrant & dernier encheriſſeur, & les ſolemnitez requiſes, gardees & obſeruees paſſer contracts aux acquereurs pour iouyr par eux , leurs hoirs ou ayans cauſe, deſdites receptes des Conſignations, à faculté de rachapt perpetuel, ſans que toutesfois ils puiſſent eſtre depoſſedez, qu'ils n'ayent eſté actuellement rembourſez tant du principal que loyaux couſts, fraiz & miſes. Promettant en foy & parole de Roy auoir pour agreable, tenir ferme & ſtable tout ce qui ſera par leſdits Commiſſaires ſur ce geré, negotié & executé, ſans ſouffrir y eſtre contreuenu en quelque maniere que ce ſoit, & le ratifier ſi beſoin eſt, & afin qu'auec plus de reſpect & d'authorité, ils puiſſent vacquer au fait de la preſente Cõmiſſion. Nous leur donnons pouuoir & puiſſance de conuoquer, aſſembler, & faire venir pardeuant eux, toutes & quantes-fois qu'ils verront eſtre beſoin, nos Baillifs, Seneſchaux, Preuoſts, leurs Lieutenans, Maires, & Eſcheuins, Iurez Capitoux, & autres, nos Officiers & ſujets qu'il appartiendra, communiquer auec eux, leur enioindre & ordonner, tout ce qu'ils verront eſtre requis & neceſſaire au faict d'icelle execution : à chacun deſquels,

mefmes aux Subftituts de noftredit Procureur general fur les lieux. NOVS MANDONS & tres-
expreffément enioignons les affifter, obeir & entendre au faict de la prefente Commiffion, & ce
qui en depend, fans en faire aucune difficulté, le
tout nonobftant oppofitions ou appellations, &
fans pretendre d'icelles, pour lefquelles ne fera differé en aucune maniere : & d'autant qu'il fera befoin employer des Greffiers, Clercs, Huiffiers, Sergens, Trompettes, Meffagers foubs lefdits Commiffaires, ils feront taxes de leurs efcritures, peines, iournees, falaires, & vacations, telles qu'ils ad-
uiferont en leur loyauté & confcience, comme ils
ont accouftumé faire, lefquelles taxations nous
auons dés à prefent, comme dés lors validees &
authorifees, validons & authorifons par ces prefentes, à la charge d'en rendre par Maiftre Iulian
Colin, fieur de Champferrand, commis à ladite recepte bon compte en noftredicte chambre des
Comptes. SI VOVS MANDONS que cefdites
prefentes vous faictes lire, publier, & enregiftrer
pour y auoir recours quand befoin fera, & à tous
nos Huiffiers, ou Sergens, faire tous exploits à ce
requis, & neceffaires, fans pour ce demander con-
gé, placet, vifa ne parcatis. Et pource que defdictes
prefentes on pourroit auoir affaire en plufieurs &
diuers lieux. Nous voulons qu'au Vidimus qui en
fera fait & collationné par l'vn de nos Amez Con-
feiller & Secretaire, & foubs feel Royal, foy y foit
adiouftee, comme au prefent original. Car tel eft
noftre plaifir.

Donné à Paris le dernier iour de Feurier, l'an
de grace, mil fix cens.

Et de noftre Regne l'vnziefme.

C iij

Signé, par le Roy.   P o t i e r.
Et scellé du grand seel de cire jaune.

Et au dessus est escrit, Registrees, ouy le Procureur General du Roy, suiuant l'Arrest de ce iour, à Paris en Parlement, le 14. d'Auril 1600.
Signé,   V o i s i n.

HENRY par la grace de Dieu Roy de France & de Nauarre, A nos amez & feaux Messire Edoüard Mollé President, & Maistre Guillaume Deslandes, & Charles Faye Conseillers en nostre Cour de Parlement de Paris, & Commissaires par nous deputez pour la vente, reuente, doublemens & tiercemens des receptes des consignations ordónees estre faictes par nos Edicts du mois d'Aoust quatre vingts & quatorze, & Declaration du 13. Iuillet 1593. Salut. D'autãt que sur les adiudications qui ont esté par vous & autres Commissaires cy deuant faites des Receptes desdites Consignations, Il se presente iournellement des personnes qui offrent de faire des doublemens & tiercemens: Et que vous pourriez faire difficulté de les receuoir, estimant qu'il ne vous fust plus loisible de toucher aux adiudications par vous faites : Qui seroit contre nostre volonté & intention, & la teneur de nosdits Edict & Declaration, pour autant que nous auons entendu, comme encore entendons, nous preualoir de la iuste valeur desdites offres. A CES CAVSES, Nous vous mandons & ordonnons, que suiuant & conformément à nosdits Edict & Declaration, contenant que lesdites ventes & reuentes seront faictes à la charge desdits doublemens & tiercemens. Et tant & si lon-

guement que procederez à l'execution de voftre-
dicte Commiffion, vous ayez à receuoir à vne ou
plufieurs fois tous doublemens & tiercemens qui
feront faits, tant fur les adiudications defdictes receptes ja faictes qu'autres que vous ferez cy apres.
Et fur iceux expedié aux acquereurs les contracts
neceffaires, pour la iouyffance defdictes Receptes,
ainfi qu'il eft porté par noftredicte Commiffion:
Lefquels Contracts nous auons dés à prefent vali-
dé & validons.   De ce faire vous auons donné &
donnons plain pouuoir, auctorité, commiffion &
mandement fpecial : nonobftant oppofitions ou
appellations quelsconques: Pour lefquelles, & fans
preiudice d'icelles, ne voulons eftre differé. Car tel
eft noftre plaifir.   Donné à Monceaux, le 21. Iuillet, l'an de grace mil fix cens quatre: Et de noftre
regne le quinziefme.   Signé   HENRY.
    Et plus bas,   Par le Roy.   FORGET.
    Et à cofté Signé en queüe,   DE VIENE.
Et fcellé du grãd feel de cire jaune à fimple queüe.

DECLARATION DV ROY, POVR
*faire contraindre toutes perfonnes fubiettes à configna-
tions, de configner le prix d'icelles és mains des Recc-
ueurs defdites Confignations, chacun en fon reffort.*

ENRI par la grace de Dieu Roy de
France & de Nauarre: A tous ceux qui
ces prefentes lettres verront, Salut. Par
l'Edict du mois de Iuin 1578. faict par le
feu Roy dernier decedé noftre tres-honoré fieur
& frere pour la creation des offices des Receueurs
des confignations,   Il eft tref-expreffément porté

que tous deniers de consignations , garnissemens, deposts, & sequestres, ordonnez estre faicts
par authorité de iustice, seront mis és mains desdits Receueurs chacun en son regard, sur peine de
confiscation desdits deniers, & qu'à ce faire tous
ceux qu'il appartiendra, y seront contraints comme pour nos propres deniers & affaires.   Ce que
toutesfois ne s'obserue en la pluspart des iustices &
iurisdictions, où lesdits Receueurs sont establis à
cause des refus qu'on leur faict de mettre leurs cô-
traintes à execution, & des empeschemens que les
Greffiers, enuieux de leurs charges, leur donnent
en l'exercice d'icelles, leur desnians les extraits des
arrests, sentences, iugemens, decrets, & actes dont
ils ont besoin, sans lesquels lesdits Receueurs ne
peuuent cognoistre ceux qui doiuent faire lesdites
consignations, garnissemens, deposts, ou sequestres, ny en sçauoir les sommes, au moyen dequoy
demeure frustree l'intention dudit feu sieur Roy &
la nostre, contenue tant audit Edict qu'en ceux du
depuis ensuiuis, & sont quasi par tout les charges
desdits Receueurs rendues inutiles & infructueu-
ses, encores que pour icelles ils nous ayent à plusieurs fois payé de grandes sommes de deniers, outre que les abus & maluersations ausquelles l'on a
estimé de remedier par ladicte creation & esta-
blissement de Receueurs se pratiquent comme
auparauant.   A CES CAVSES, desirans qu'i-
ceux Receueurs des consignations iouyssent plainement de ce qui leur est attribué, & exercent
leursdites charges au desir desdits Edicts, afin que
la re-vnion que nous auons ordonné estre faicte à
nostre domaine des receptes des consignations du
ressort & estendue de nos Parlemens de Paris &

Bourdeaux

Bourdeaux, apres le temps de seize ans finy & expiré selon qu'il est declaré par l'arrest de nostre Cõseil du 21. iour de Iuillet dernier passé nous soit plus aduantageuse, & aussi qu'au faict desdites consignations, deposts, garnissements & sequestres, soit gardé & obserué l'ordre qui y est requis pour la seureté publique, & retranchement des fraudes. AVONS dit & declaré, disons & declarons par ces presentes: VOVLONS, & nous plaist, que toutes personnes de quelque estat, qualité & condition qu'ils soient, lesquelles se sont rendues, ou se rendront cy apres adiudicataires en iustice d'heritages ou autres choses que ce soit, ou qui seront tenus de garnir, sequestrer ou deposer aucuns deniers suiuant les arrests, sentences & iugemens de nos Iuges, ou en consequence de contracts & obligations, ayent dãs la huictaine, à consigner & mettre és mains desdits Receueurs des consignations à qui il appartiendra le prix de leurs adiudications, garnissemens, deposts, ou sequestres, & que tous Greffiers, Commissaires, Huissiers, Sergens, Notaires, Tabellions, Geolliers, & tous autres, qui faisans la fonction de leurs charges, ou en execution d'aucuns arrests, sentences, iugemens, contracts & obligations, auront receu, & receuront à l'aduenir des parties aucuns deniers par forme de consignation, & qu'à la deliurance d'iceux y ayt opposition, arrest ou saisie, soient tenus dans vingt quatre heures apres auoir receu lesdits deniers en vuider leurs mains en celles desdits Receueurs des consignations, & qu'en ce faisant ils en soient & demeurent valablement quittes & deschargez enuers, & contre tous, comme dés à present nous les en quittons, & deschargeons par

D

cefdites prefentes, en notifiant par eux aufdits Receueurs les oppofitions, arrefts ou faifies qui pourront auoir efté faites en leurfdites mains pour la
conferuation des droicts des oppofans ou faifif-
fans, à faute dequoy faire dans les temps fufdits, &
iceux paffez, N o v s voulons & entendons, qu'en
vertu de cefdites prefentes , & des efcroües &
contraintes defdits Receueurs des confignations,
lefdits adiudicataires & autres , enfemble lefdits
Greffiers, Commiffaires, Huiffiers, Sergens, Notaires, Tabellions, Geolliers, & toutes autres perfonnes à qui il pourra toucher, y foient contraints
par toutes voyes deuës & raifonnables, comme
depofitaires de biens de Iuftice, & ainfi qu'il eft
accouftumé, pour nos propres deniers & affaires:
& qu'à la premiere requifitiō & demāde que lefdits
Receueurs des confignations feront aufdits Greffiers, leurs Clercs ou Cōmis, ils ayent incontinent,
& fans delay, à leur monftrer, exhiber & communiquer leurs fueilles & regiftres, & de tous les arrefts,
fentēces, iugemens, decrets d'adiudications, & tous
autres actes faifans mention de confignations, garniffemens, depofts ou fequeftres, leur fournir, bailler & deliurer les extraicts bien & deuëment expe-
diez, & fignez d'eux, contenans les iours & dattes
d'iceux: enfemble les noms & furnoms des perfonnes tenuës à faire lefdites confignations, garniffemens, depofts & fequeftres, & les fommes de deniers à quoy ils monteront : au refus dequoy faire
y feront lefdits Greffiers, leurs Clercs & Commis,
contraints comme deffus , en vertu de cefdictes
prefentes, par lefquelles en outre, nous leur defen-
dons tres-expreffément d'expedier, figner ny deliurer aux parties aucuns arrefts, fentences, ou iu-

gemens d'adiudication , ou portant confignation,
garniffement, depoft & fequeftre, & à tous feel-
leurs de nos iuftices & iurifdictions de les feeller,
qu'au prealable ne leur foit apparu de quittance
du Receueur des confignations qui les aura deub
receuoir, & qu'icelle quittance ne foit inferee au
pied defdits arrefts, fentences, iugements ou decrets, ainfi qu'il s'obferue en noftredite Cour de
Parlement de Paris, à peine contre ceux qui y con-
treuiendront d'en refpondre, & d'eftre tenus en
leurs propres & priuez noms, & contraincts, comme deffus, à faire les confignations, garniffemens,
depofts ou fequeftres mentionnez aufdits Arrefts,
iugements, fentences & actes par eux deliurez ou
feellez : & outre de cinq cents liures d'amende ap-
plicable le tiers à nous, le tiers aufdits Receueurs,
chacun en fon regard, & l'autre tiers au denon-
ciateur. MANDONS ET COMMANDONS à
tous nos Iuges & officiers quelsconques, de quelque eftat, qualité & condition qu'ils foient, de tenir la main à l'execution du contenu en cefdites
prefentes, & en laiffer iouyr & vfer lefdits Receueurs des confignations plainement & paifiblement, fans fouffrir ny permettre qu'il leur foit fait,
mis ou donné aucun trouble ou empefchement au
contraire, & à noftre premier Huiffier ou Sergent
fur ce requis, de faire tous exploits de comman-
demens, fignifications & defenfes, enfemble toutes executions & contraintes que befoin fera, pour
l'accompliffement & execution du contenu en cefdites prefentes , leurs circonftances & dependan-
ces, fans pour ce prendre ou demander aucun placet, vifa, ne pareatis : & nonobftant quelsconques
arrefts de nos Cours de Parlements, & autres fen-

D ij

rences & iugemens faits & donnez au contraire,
aufquels nous auons defrogé & defrogeons par
cefdites prefentes, & nonobſtant auſſi oppoſitions
ou appellations quelconques, & ſans preiudice d'i-
celles : defquelles ſi aucunes interuiennent, nous
auons retenu & reſerué la cognoiſſance, à nous &
à noſtredit Conſeil, & icelle interdicte à noſdites
Cours de Parlement, & à tous nos autres Iuges :
auec defenſes aux parties d'en faire pourſuite ailleurs, ſur peine de nullité & caſſation de procedu-
res, & de tous defpens, dommages & intereſts : Et
pource que de cefdites prefentes l'on pourra auoir
affaire en pluſieurs & diuers lieux. Nous voulons
qu'aux vidimus d'icelles deuemét collatiōnees par
l'vn de nos amez & feaux Conſeillers, Notaires
& Secretaires, foy ſoit adiouſtee comme au prefent original, Car tel eſt noſtre plaiſir. E n teſmoin
dequoy nous auons fait mettre noſtre feel à cefdites prefentes. Donné à Paris, le 26. iour de Ianuier, l'an de grace mil ſix cents huiƈt. Et de noſtre
regne le dixneuſieſme.

Signé,   HENRY.
Et fur le reply, par le Roy. D e. L o m e n i e.
Et feellée fur double queüe du grand feau de ci-
re jaune.

ARTICLES ET CONDITIONS AC-cordees par le Roy en son Conseil, à Maistre Iean du Tillet, Conseiller, Protonotaire & Secretaire de sa Majesté, & Greffier de sa Cour de Parlement de Paris, Claude Gallard aussi Conseiller & Secretaire de sadite Maiesté & de ladite Cour: & Pierre Merault Receueur des Consignations des Requestes du Palais: Pour jouyr à tiltre de Domaine, & à faculté de rachapt perpetuel, des receptes des Consignations des Cours de Parlement de Paris & Bourdeaux, Requestes du Palais d'icelles, Bailliages, Seneschaussees, sieges Presidiaux, Preuostez & autres Iustices & iurisdictions y ressortissans, grand Conseil & Cour des Aydes.

E Roy se trouuant pressé de plusieurs despéses extraordinaires & necessaires pour le bien de son seruice & de son Estat: & ne pouuāt y satisfaire sans estre secouru d'ailleurs que du fonds ordinaire de ses fināces. Sa Maiesté auroit arresté de faire proceder à la reuente & engagement des receptes des cōsignations és lieux où elles sont establies, sauf à pouruoir au rēboursement & indēnité de ceux qui les possedent à present, selon qu'il seroit iugé raisonnable en son Cōseil, dont ledit Sr du Tillet & lesdits Gallard & Merault estās aduertis, auroient tres-humblement remonstré à sadite Maiesté que defunct Maistre Charles Paulet ayāt au mois de May 1607. traicté auec le feu Roy du rēboursement & rachapt en seize annees desdites receptes des consignations, ils auroient esté con-

D iij

traints pour ſe garentir, enſemble les autres poſſeſſeurs deſdites receptes dont ils ſe faiſoient forts de
l'incommodité & ruine qui leur eſtoiët imminen-
tes par les violences & rigueurs dont ledit Paulet
vſoit à l'encontre d'eux, de demander la preference
& ſubrogation de ſondit Traicté: Laquelle toutesfois ne leur auroit eſté accordee qu'à la charge de
payer comptant, côme ils firent, la ſomme de deux
cents cinquante cinq mil ſix cents liures, ainſi qu'il
appert par l'Arreſt dudit Conſeil du 21. Iuillet audit an: Sçauoir au Treſorier de l'Eſpargne cinquante cinq mil ſix cents liures, & audit Paulet deux cês
mil liures ſur ſa ſimple quittance, qui leur vaudroit
& ſeruiroit comme ſi elle eſtoit dudit Treſorier de
l'Eſpargne. En execution de laquelle ſubrogation,
s'eſtant trouué contre leur eſperance que la pluſpart deſdits poſſeſſeurs deſaduoüant leurs pourſuites refuſoient d'entrer en la côdition dudit Traité.
Leſdits ſieurs du Tillet, Gallard & Merault auroiët
eſté contraints de faire pour plus de cinq cents mil
liures de rembourſement dont il leur en eſt de
meuré la pluſpart d'inutils, & en pure perte, outre
les grands fraiz qu'ils ont faits, montans au moins
quarante mil liures : comme ils offroient de iuſti-
fier à ſadite Maieſté, & à ſondit Conſeil : De ſorte
que ladite ſubrogation leur reuenoit à pres de ſix
cents mil liures, ſans les intereſts de ladite ſomme : Neantmoins qu'ils ont touſiours eſté telle-
ment affectionnez au bien du ſeruice de ſa Maieſté,
qu'en l'annee derniere mil ſix cents ſeize, au mois
d'Aouſt, ayans eſté requis de la ſecourir à ſon beſoin, ils luy auroient preſté la ſomme de quatre
cents mil liures comptant, & icelle empruntee à
gros change & intereſts : en conſideration dequoy

& des grandes pertes & dommages cy deſſus, leſquels deſlors ils repreſenterent à ſadite Majeſté, elle iugea raiſonnable de leur accorder l'intereſt,
change & frais de recouurement de ladite ſomme,
à raiſon de cinquante mil liures par an pour les
huiſt annees, reſtantes lors à expirer dudit traiſté,
promiſt de les maintenir & conſeruer en la pleine
& entiere iouyſſance deſdites huiſt annees, & ne
permettre que pour quelque cauſe & pretexte, ou
occaſiõ que ce fuſt l'on les y troublaſt, ny qu'en façon quelconque ledit traiſté fuſt alteré ou inter-
rompu : & pour le rembourſement tant deſdits
quatre cens mil liures de principal que de pareille ſomme pour leurſdits intereſts , change &
fraiz. Sadiſte Majeſté leur affeſta toutes leſdites
receptes des conſignations, pour en iouyr apres leſdites ſeize annees accomplies, & n'en pouuoir eſtre
depoſſedez qu'en leur rendant actuellement , &
comptant ladiſte ſomme de huiſt cens mil liures,
ainſi que le contiennent les articles ſur ce paſſez &
arreſtez audit Conſeil, le 5. iour dudit mois d'Aouſt
1616. enregiſtrez en la Cour de Parlement le 31.
dudit mois. Requerant ſadite Majeſté les vouloir
maintenir & conſeruer en leurdit dernier traiſté, &
conſiderer qu'outre leur particulier intereſt il im-
porte au public que leſdites receptes des conſignations ne ſoient pas expoſees à l'adminiſtration de
toutes ſortes de perſonnes : ains qu'elles doiuent
demeurer entre les mains de gens qui en ſçachent
bien vſer. Leſquelles remonſtrances , apres auoir
eſté bien entendues par ſa Majeſté, & la neceſſité
de ſes affaires l'obligeant à ſe ſeruir des deniers
qui peuuent prouenir de la reuente deſdites receptes, auroit fait interpeller ledit ſieur du Tillet, &

lefdits Gallard & Merault de vouloir eux mefmes entendre à ladite reuente, comme perfonnes
capables de la fecourir promptement d'vne fomme notable en fadite neceffité. A la charge de leur
accorder toutes les conditions qui feroient iugees
raifonnables pour les affeurer de la iouyffance &
difpofition defdits offices. A quoy lefdits fieurs du
Tillet, Gallard & Merault s'eftans condefcendus
d'obeyr, apres auoir fait & propofé audit Confeil
diuerfes demandes : & veu en iceluy l'eftat de toutes les receptes des confignations du reffort & e-
ftendue des Parlemens de Paris & Bourdeaux, qui
lors dudit traicté fait auec ledit feu Paulet, auroient
efté vendues : lefquelles fuiuant iceluy , & ledit arreft de fubrogation dudit 21. Iuillet 1607. Lefdits
fieurs du Tillet, Gallard & Merault eftoient tenus rachepter en feize annees contenant par le menu la finance & engagement de chacune defdites
receptes montant pour le total d'icelles à la fomme
de huict cens foixante quatorze mil quatre cens
foixante dixfept liures quatre fols quatre deniers,
ledit arreft de fubrogatiõ du 21. Iuillet 607. Par le-
quel entre autres chofes eft ordonné que lefdits
fieurs du Tillet, Gallard & Merault payerõt ladite
fomme de deux cens cinquãte cinq mil fix cens liures. Sçauoir au Treforier de l'Efpargne cinquante
cinq mil fix cẽs liures, & audit Paulet deux cens mil
liures fur fa fimple quittance, laquelle leur vaudra,
& feruira comme fi elle eftoit dudit Treforier de
l'Efpargne : les quittances du payement de ladite
fomme des 7. & 21. Aouft audit an, les articles dudit
5. Aouft 1616. & la quittance de huict cens mil liures pour ledit preft & intereft. Finalemẽt par l'aduis & deliberation dudit Confeil, ont efté accordez &

dez & refolus entre fadite Majefté & lefdits fieurs
du Tillet, Gallard & Merault les articles & conditions qui enfuiuent.

PREMIEREMENT.

I.

Sadite Majefté conformement aux articles accordez aufdits fieurs du Tillet, Gallard & Merault ledit iour 5. Aouft 1616. a promis & promet par
ces prefentes de faire de fa part obferuer & entretenir à leur profit, & de ceux qui aurôt droit d'eux
à l'aduenir, ledit arreft de fon Confeil dudit 21. Iuillet 607. portant leur fubrogation au traitté dudit
Paulet: enfemble ledit traitté & tout ce qui s'en eft
enfuiuy, fans que pour quelque caufe ou occafion
il y foit innoué, defrogé ou côtreuenu en façô quelconque: & que tant & fi longuement que lefdites
receptes demeureront engagees aufdits du Tillet,
Gallard & Merault, & leurs hoirs ou ayâs caufe, ne
pourrôt eftre faits par fadite Maiefté, ny les fucceffeurs Rois aucuns nouueaux Edicts, Ordonnances
ou reiglemés qui puiffent preiudicier au faict defdites confignatiôs & maniement des deniers d'icelles,
ny en diminuer les droicts. Et que pour les decrets,
ordres & diftributions s'obferueront ceux ja faicts
fuiuant l'vfage accouftumé en chacune iuftice &
iurifdiction, fi ce n'eft en les defdommageant, &
indemnifant de la perte & ruine que tels change-
mens leur pourroient apporter: Laquelle indem-
nité & defdommagement fera iugee par la Cour
de Parlement à Paris, & non ailleurs: & au furplus
iouyront lefdits fieur du Tillet, Gallard & Merault, & ceux qui auront droict d'eux defdites receptes des confignations, comme ils ont toufiours
faict fuiuant les Edicts du mois de Iuin 1578. de la

E

creation d'icelles en offices, & d'Aouſt 594. pour
la re-vnion qui en fut faite au domaine de ſadicte
Majeſté, Lettres & Declarations depuis interuenues ſur iceux.　　II.

De tout le droict que ſadite Majeſté a, peut a-
uoir & pretendre ſur toutes leſdites receptes des
conſignations mentionnees audit Eſtat, apres le
temps de ſeize annees porté par leſdits traicté de
Paulet, & arreſt de ſubrogation ſus declarez, tant
en vertu d'iceux traicté & arreſt que des Declarations, iugemens, & autres actes qui ſe ſont ſur ce
enſuiuis pardeuant les Commiſſaires de ſadite Majeſté & ailleurs, ou autrement en quelque façon
que ce ſoit. Sadite Majeſté en a dés à preſent comme pour lors faict, & faict par ceſdites preſentes,
ceſſion & remiſe au profit deſdits ſieur du Tillet,
Gallard & Merault, ſans aucune choſe en reſer-
uer ny retenir. Leur permet & accorde ſadite Majeſté de faire, ſi bon leur ſemble, obſeruer, entretenir & executer à leurdit profit la rigüeur & condition deſdites ſeize annees à l'encôtre de tous ceux
qui ſont entrez en icelles pour raiſon deſdites receptes des conſignations. A l'effect dequoy, tant
ſeulement les ſuſdits traicté, arreſt, & tous autres
actes pour ce paſſez demeurent en leur entier, for-
ce & vertu, ou bien les deſcharger de ladicte rigüeur & condition toutesfois & quantes qu'ils aduiſeront, ou autrement en vſer à leur choix & option. Et à ceſte fin ſadite Majeſté les met & ſubro-
ge du tout en ſon lieu & place pour ce regard, ſans
que pour quelconques offres ou conditions qui
pourroient eſtre faites & propoſees par qui que ce
ſoit, ladite condition de ſeize annees puiſſe eſtre
remiſe ny changee, ſinon du gré & conſentement

desdits sieur du Tillet, Gallard & Merault, ny aucune preference accordee à leur preiudice.

III.

Av moyen desquelles cession & remises ainsi faictes par sadite Majesté ausdits sieur du Tillet, Gallard & Merault tous les contracts, tiltres & quittances des finance concernant l'engagemēt cy deuant faict desdictes receptes des consignations, lesquels ont esté retirez par lesdits sieur du Tillet, Gallard & Merault lors des rembourtémens par eux faicts, & ceux qui leur doiuent encores estre rendus par les possesseurs desdites receptes qui ont opté ladicte condition dés seize annees montant, comme dit est, suiuant ledit estat, à huict cens soixante quatorze mil quatre cens soixante dix-sept liures quatre sois quatre deniers : ensemble les quittances de Maistre Estienne Puget Tresorier de l'Espargne de cinquante cinq mil six cens liures, & celle dudit Paulet de deux cēs mil liures, laquelle suiuant ledit arrest du 21. Iuillet 607. en execution duquel les payémens desdictes deux sommes ont esté faicts par lesdits sieur du Tillet, Gallard & Merault, leur doit seruir comme si elle estoit dudit Tresorier de l'Espargne, le tout faisant ensemble la somme de vnze cens trente mil soixante dix-sept liures quatre sols quatre deniers, seront & appartiendrōt doresnauant ausdits sieurs du Tillet, Gallard & Merault, & à ceux en faueur desquels ils disposeront cy apres desdictes receptes des consignations, pour leur seruir & valoir de bons & valables tiltres & quittances d'engagements d'icelles pour toutes les sommes y contenues, & ce nonobstant les clauses & conditions de rachapt, & extinction de ladite finance au profit

de sadicte majesté portees par les sufdicts traicté de Paulet, & arrest de subrogation, defquels, & de tout ce qui a & peut auoir esté faict
contre & au preiudice de la validité desdits contracts, tiltres & quittances sufdictes. Sadicte Majesté s'est desistee & departie, & y a expressement re-
noncé, & renonce au profit desdits sieurs du Tillet,
Gallard & Merault, & de ceux qui à l'aduenir auront le droict d'eux, & en temps que besoin est, ou
seroit, a remis & restably, remet & restablit par
lesdits presens articles, iceux tiltres, contracts &
& quittances sus declarez en estat, nature & valeur d'engagement : & les a validees & valide au
profit desdits sieurs du Tillet, Gallard & Merault,
lesquels les pourront departir & diuiser entre eux,
les transporter en tout, ou en partie, ou autremét
en vser & disposer à leur volonté. Et où aucuns de
ceux qui ont encores lesdits tiltres en leur posses-
sion & sont tenus de les rendre suiuant les submis-
sions par eux faictes, seroient refusans ou dilayans
d'y satisfaire. Sadite Majesté ordonne qu'ils y soiét
contraints comme pour ses propres deniers & affaires, en vertu de l'extraict du present article seu-
lement.

IIII.

A la charge que lesdits sieur du Tillet, Gallard
& Merault se departiront au profit de sadicte Majesté dudit interest de cinquante mil liures par an
à eux accordé par lesdits articles du 5. Aoust 1616.
à cause du prest que lors ils luy firent comptant de
la somme de quatre cens mil liures : Et par ce moyé
la quittance de huict cens mil liures qui leur fut
deliuree par le Tresorier de l'Espargne Maistre
Thomas Morãt, pour le principal & interest dudit

preſt le 13. iour de Septembre audit an, ſera endoſ-
ſee & deſchargee à l'acquit de ſadicte Majeſté de
la ſomme de quatre cens mil liures pour leſdicts
intereſts, & d'oreſnauant n'aura lieu, & ne vaudra
auſdits ſieurs du Tillet, Gaillard & Merault que
pour leſdits quatre cens mil liures de principal tant
ſeulement.

V.

Qu'ils ſe deſiſteront & departiront pareillemẽt
au profit de ſadicte Majeſté de toutes demandes
qu'ils luy pourroient faire par cy apres, tant à
cauſe des rembourſemens inutils par eux faicts
d'aucunes deſdictes receptes des conſignations de-
clarees en l'eſtat qu'ils en ont repreſenté audict
Conſeil, que des frais, deſpens, dommages & intereſts par eux ſoufferts en l'execution dudit arreſt de
ſubrogation, ſans en pouuoir pretendre aucune
choſe à l'encontre de ſadite Majeſté.

V I.

Qu'ils payeront à ſadicte Majeſté és mains du
Treſorier de ſon Eſpargne pour ſuruenir à l'vrgen-
te neceſſité de ſeſdictes affaires la ſomme de quatre
cens mil liures en deniers:à ſçauoir cent cinquante mil liures comptant en paſſant les preſens articles, & leur fourniſſant par ſadicte Majeſté la Declaration & expeditions qui leur ſont neceſſaires
ſur iceux deux cens mil liures, apres que la verification pure & ſimple aura eſté faicte deſdits articles & Declaration en la Cour de Parlement, &
chambre des Comptes à Paris, & cinquante mil
liures apres ſemblable verification au Parlement
de Bourdeaux.

V I I.

Et outre que de toutes les ſuſdictes ſommes de

E iij

huict cens soixante & quatorze mil quatre cens
soixante & dix-sept liures quatre sols quatre deniers à quoy monte ledict premier engagement
desdites receptes des consignations de cinquante
cinq mil six cens liures contenus en la quittance
dudit Puget, des deux cens mil liures portez par
celle dudit Paulet, laquelle suiuant ledit arrest du
21. Iuillet 1607. en execution duquel le payement
desdites deux sommes a esté faict, vault & sert
ausdits sieurs du Tillet, Gallard & Merault, comme si elle estoit dudit Tresorier de l'Espargne, de
quatre cens mil liures, à quoy sera & est reduicte
la quittance de huit cens mil liures dudit Tresorier
de l'Espargne M. Thomas Morant, & de quatre
cens mil liures que lesdits sieurs du Tillet, Gallard
& Merault doiuent & sont tenus payer, ainsi qu'il
est dit cy dessus : icelles sommes montans & reue-
nans ensemble à la somme de dix-neuf cens trente
mil soixante dix-sept liures quatre sols quatre deniers, il n'y en aura que la somme de quinze cens
cinquante trois mil trois cens quatre vingts quatre liures seize sols quatre deniers, qui tienne lieu
d'engagement desdictes receptes des consignations ausdicts sieurs du Tillet, Gallard & Merault:
& le surplus montant à trois cens soixante seize
mil six cens quatre vingts douze liures huict sols,
demeure, & est par eux remis au profit de sadicte
Majesté pour estre releuez & dispensez de ladicte
condition de seize annees portees par le susdict
traicté de Paulet, & lesdites receptes des consignations restablies en leur premiere nature d'engagement au profit desdits sieurs du Tillet, Gallard & Merault, selon & ainsi qu'il est cy dessus declaré.

VIII.

A laquelle fomme de quinze cens cinquante
trois mil trois cés quatre vingts quatre liures feize
fols quatre deniers prinfe en toutes les fufdites finances, & aux conditions cy deffus. Sadite Majefté a reuendu & engagé, reuend & engage par
cefdites prefentes aufdits fieur du Tillet, Gallard
& Merault, leurs hoirs, fucceffeurs & ayans caufe
toutes & chacunes lefdites receptes des confignations defdites Cours de Parlemens de Paris
& Bourdeaux, Requeftes du Palais d'icelles, Bailliages, Senefchauffees, fieges Prefidiaux, Preuoftez
& autres Iuftices & Iurifdictions y reffortiffans,
Grand Confeil, & Cour des Aydes, particulierement, & par le menu fpecifiees audit eftat veu &
arrefté audit Confeil, pour par lefdits fieurs du Tillet, Gallard & Merault, leurfdits hoirs, fucceffeurs
& ayans caufe, dorefnauant iouyr & vfer defdites
receptes des confignations à tiltre de Domaine à
faculté de rachapt perpetuel, & aux conditions du
prefent traicté plainement & paifiblement, fuiuant
lefdits Edicts du mois de Iuin 1578. & d'Aouft 1594.
lettres & declarations interuenues fur iceux.

IX.

Pourront lefdits fieurs du Tillet, Gallard &
Merault difpofer defdites receptes des confignations, les vendre, ou les bailler à ferme à telles perfonnes, & à tel prix que bon leur femblera,
foit defmaintenant ou apres lefdites feize annees
expirees à leur choix & option. Et generalement en
faire & traicter comme de leur propre chofe, vray
& loyal acqueft, & tout ainfi qu'eux & les autres
poffeffeurs defdites receptes faifoient, & faire
pouuoient, en vertu de leurs contracts d'engage-

ment, & quittance de finance auparauant lefdits traicté de Paulet,& arreft de fubrogation en iceluy, fans y pouuoir eftre troublez ny empefchez pour quelque caufe que ce foit.

X.

Les contracts de ventes qui feront faits par lefdits fieurs du Tillet, Gallard & Merault defdictes receptes des confignations ou d'aucunes d'icelles feruiront de bons & valables tiltres à ceux qui entrerõt en leur lieu & droicts,& les fommes qui feront portees par iceux leur tiendrõt lieu de finance. Lefquelles toutesfois ne pourront exceder au total ladite fomme de quinze cens cinquante trois mil trois cens quatre vints quatre liures feize fols quatre deniers pour en eftre rembourfez en cas de depoffeffion, les ayant fadite Majefté des à prefent validez& authorifez tout aïnfi que s'ils auoient efté faicts & paffez en fondit Confeil,ou par des Commiffaires à ce par elle deputez.

X I.

Ne feront lefdits du Tillet, Gallard& Merault, ny ceux qui auront droict d'eux depoffedez defdites receptes des confignations en tout ny en partie, foit par reduction du denier à rente ne autrement, en quelque forte & pour quelque caufe que ce foit pendant & durãt lefdites feize annees,& apres icelles expirees ne le pourront eftre auffi qu'en vertu d'Edict de fadite Majefté deuëment verifié, & en les rembourfant comptant, & à vn feul payement, de ladite fomme totale de quinze cens cinquante trois mil trois cens quatre vingts quatre liures feize fols quatre deniers,fraiz & loyaux coufts,comme il eft accouftumé : & encores qu'au prealable eux & leurs cautions n'ayent efté entierement defchargez

par

par les Cours de Parlement, ou par les Iuges des
lieux, pardeuant lefquels ils auront preſté le ſermét
de tous les deniers qu'ils auròt maniez à cauſe deſdites receptes des cóſignations, en repreſentant vn
bref eſtat d'iceux, & les remettant és mains de leurs
ſucceſſeurs.   X I I.

Auquel cas de rembourſement, & apres auoir
par leſdits ſieurs du Tillet, Gallard & Merault receu ladite ſomme totale, comme dit eſt, ceux auſquels ils auront particulierement vendu leſdites
receptes des conſignations ſeròt par eux rembourſez des ſommes qu'ils en auront receües ſuiuant
leurs contracts ou quittances, ſans qu'aucuns Có-
miſſaires, Iuges, Officiers ny autres puiſſent alors
cognoiſtre dudit rembourſement pour en ordonner. Ce que dés à preſent ſadite Majeſté leur inter-
dit & defend, ſi ce n'eſt que pour ce ſujet il ſe meuſt
differend entre leſdits Receueurs & leſdits ſieurs
du Tillet, Gallard & Merault, auquel cas les parties
ſe pouruoiront par les voyes ordinaires.

X I I I.

Fait ſa Majeſté deffenſes à tous Commiſſaires,
procedans maintenant, & qui procederòt cy apres
à la reuente des Greffes & autres parts & portions
du Domaine, Threſoriers generaux de France, &
autres, attendu le preſent Traité, de comprendre
en l'execution de leurſdites Commiſſions au preiudice d'iceluy aucunes deſdites receptes des conſignations, & de cognoiſtre du fait & maniement
d'icelles, comme en eſtant exceptees & reſeruees.

X I V.

Ceux auſquels leſdits ſieurs du Tillet, Gallard
& Merault vendròt ou affermeront leſdites receptes des conſignations, ou aucunes d'icelles, ne ſe-

F

ront aucunement ſubiets de prendre attache deſdits Treſoriers generaux de France, attendu que
ce ne ſont charges comptables ny dependantes de
l'authorité deſdits Treſoriers generaux : ains ſerõt
en vertu de leurs contracts de vente, ou baux à ferme receus & inſtalez par les Iuges & Officiers ordinaires des lieux où leſdites receptes ſont eſtablies : Auſquels ſadite Maieſté enjoint de le faire
ſans difficulté, en fourniſſant toutesfois prealable-
ment pardeuant eux de bonnes & ſuffiſantes cau-
tiõs pour la ſeureté des deniers de leur maniment,
ſuiuant & conformément aux Edicts de la creation
& eſtabliſſemẽt deſdites receptes verifiez és Cours
de Parlement, moyennant leſquelles receptions
ainſi faites, demeureront leſdits ſieurs du Tillet,
Gallard & Merault bien & valablement deſchar-
gez dudit maniement, ſans qu'eux ou leurs hoirs
en puiſſent eſtre recherchez ny reſponſables à l'aduenir, en quelque ſorte & maniere que ce ſoit.

X V.

Pour obuier aux deſordres, & abus qui ſe font
cy deuant commis par la negligence des Iuges,
qui au preiudice des Edicts de creation en Offices
deſdites receptes des conſignations, & de reunion
d'icelles lettres & Declarations depuis interuenues, & au dommage deſdits Receueurs ont ſouf-
fert les depoſts, garniſſemens, ſequeſtres & autres
deniers publics, leſquels appartiennent à leurs
charges, eſtre mis és mains d'autres perſonnes, &
meſmes la pluſpart inſoluables, dont s'eſt enſuiuy
pluſieurs pertes aux creanciers intereſſez : Deſor-
mais leſdits Edicts & Declarations ſeront eſtroite-
ment gardées, obſeruees & entretenues particulierement pour ce regard : meſmement celle faite

fur ce fubiet par ledit feu fieur Roy le 26. iour de
Ianuier 1608.

XVI.

Et d'autant que iournellement il fe meut des
proces fur le payement des droicts de fix deniers
pour liure attribuez aufdits Receueurs par lefdits
Edicts: au moyen dequoy leurs charges leur font
rendues pour la plufpart infructueufes. Il eft pareil-
lement ordonné à tous Iuges, chacun en fon ef-
gard, de leur faire payer dorefnauant lefdits droits
conformément aufdits Edicts par toutes fortes de
perfonnes, du moins par prouifion, & nonobftant
oppofitions ou appellations quelfconques, & fans
preiudice d'icelles, fans s'en pouuoir exépter, finon
en le faifant ordonner contradictoirement auec
lefdits Receueurs.

XVII.

Sadicte Majefté fera expedier fes Lettres de Declaration fur les prefens articles en bonne & deuë
forme, & icelles faire verifier dans la fin de la prefente annee, & enregiftrer par mefme moyen le
prefent contract en fa Cour de Parlement, & châ-
bre des Comptes à Paris, & Cour de Parlement de
Bourdeaux, à la diligence de fes Procureurs generaux.

XIII.

Si pour la iouyffance du contenu efdits prefens
articles, & pour la manutention & conferuation
des droicts attribuez aufdites charges de Receueurs des confignatiõs, il eftencores befoin en apres
d'autres lettres, ou reiglements: Sadicte Majefté les
fera expedier & deliurer aufdits fieur du Tillet,
Gallard & Merault toutesfois & quantes que par
eux elle en fera requife, à ce qu'eux & ceux qui auront droict d'eux puiffent plainement & paifible-

ment iouyr de tout ce qui leur eſt promis & accordé par les preſens articles & contract.

Faiĉt au Conſeil d’Eſtat du Roy tenu à Paris, le
27. iour de Septembre 1617. Signé, BOVER: Et
à coſté eſt eſcrit ce qui enſuit.

Regiſtré, ouy, & ce requerant le Procureur
general du Roy, pour iouyr par les impetrans de
l’effeĉt & contenu en iceux. A Paris en Parlement,
le 15. iour de Decembre 1617.

Signé,   VOISIN.

L O V I S par la grace de Dieu Roy de
France & de Nauarre : A tous ceux
qui ces preſentes lettres verront, Salut. Nous auions deliberé apres le
deceds du feu Roy, noſtre tres-ho-
noré Seigneur & Pere, que Dieu abſolue, de faire entretenir les contraĉts par luy faiĉts auec di-
uerſes perſonnes pour le rachapt & re-vnion à noſtre Domaine de pluſieurs charges, offices, droiĉts
& funĉtions hereditaires, faiſant part & portion
d’iceluy, cy deuant vendues, & alienees à faculté de rachapt perpetuel : & particulierement
ceux qui ſe pouuoient executer par la ſeule iouyſ-
ſance des reuenus appartenans aux portions de
noſtrediĉt Domaine, dont les contraĉtans s’e-
ſtoient obligez de faire le rachapt à fin d’en tirer
auec le temps le fruiĉt & commodité qui nous en
doiuent prouenir : Mais la multitude des differen-
tes affaires qui nous ſont ſuruenues les vnes apres
les autres, nous ayans cauſé les grandes deſpenſes, & engendré les vrgentes neceſſitez que cha-
ĉun ſçait, Nous auons eſté contraints pour recou-

urer promptement dequoy y fubuenir, de changer de refolution, & recogneu qu'au lieu d'attendre que l'execution defdits contracts nous appor-
taft dans fept ou huict annees le defgagement des
chofes mentionnees en iceux, il eftoit plus aduan-
tageux pour nous de les furengager encores defmaintenant de quelque bonne fomme, & retirer
vn profit raifonnable pour la iouyffance du paffé,
que d'emprunter de l'argent à gros intereft, comme nous auons cy deuant faict : & que de tous
moyens qui nous ont efté propofez, celuy-là e-
ftoit le plus doux & moins à la foule de nos fubiets.
C'eft pourquoy apres auoir fait noftre Edict pour
la reuente generale des Greffes, places de Clercs,
droict de Parifis d'iceux, Prefentations, Sceaux, &
Tabellionnages . Nous auons auffi voulu nous
preualoir de celles des offices de Receueurs des
confignations qui font de pareille nature és lieux
où ils font eftablis : Et neantmoins confiderans
qu'il n'eft pas raifonnable que telles charges qui
feruent de feureté aux depofts publics foient ex-
pofees à l'enuie de toutes fortes de perfonnes pour
les abus & inconueniens qui en pourroient arriuer.
N o v s auons trouué qu'il eftoit non feulement
à propos, mais encores plus vtile & profita-
ble pour nous, à caufe des grands dommages &
interefts qu'on nous pourroit demander, de nous
en accommoder en general auec ceux qui cy deuant auoient conuenu d'en faire rachapt auec noftredit feu Seigneur & Pere, & leur en laiffer la pleine & entiere difpofition, que de faire proceder particulierement à ladicte reuente : eftimans que comme ce font perfonnes cogneus & bien experimen-
tez au maniment defdites charges, ils en fçauront

auſſi mieux vſer que nuls autres. A CES CAV-
SES, ayans par l'aduis & deliberation de noſtre Cō-
ſeil, faict & paſſé en iceluy, pour raiſon deſdites receptes des conſignations les articles & contracts
cy attachez, ſoubs le contreſcel de noſtre Chan-
cellerie: Et deſirans que pour les conſiderations
deſſuſdictes & autres y contenues, ils ayent lieu, &
ſoiēt executez. NOVS auons dit, declaré, & ordonné, Diſons, declarons & ordonnons par ces preſentes, ſignees de noſtre main, voulons, & nous plaiſt,
que toutes & chaſcunes leſdites receptes des conſignations cy deuant eſtablies, tant en nos Cours
de Parlement de Paris & Bourdeaux, Requeſtes du
Palais d'icelles, Bailliages, Seneſchauſſées, ſieges
Preſidiaux, Preuoſtez & autres Iuſtices & Iuriſdictions y reſſortiſſans, que de nos grand Conſeil, &
Cour des Aydes audit Paris, ſoient & demeurent
doreſnauant vendus & engagez à tiltre de Domaine & heredité & à faculté de rachapt perpetuel, aux
perſonnes deſnommees aux articles & contract
qui en ont eſté cy deuant accordez en noſtre Conſeil, & à ceux qui auront droict d'eux pour la ſomme, & aux charges & conditiōs portees par iceux
articles & contract, tout ainſi qu'elles eſtoient cy
deuant à ceux qui les poſſedoient en vertu des adiudications à eux faites par les Commiſſaires à ce
par nous deputez, en execution de l'Edict du mois
d'Aouſt 1594. & Declaration du 13. Iuillet 1598.
nonobſtant les contracts faits en noſtredit Conſeil, & les arreſts donnez en iceluy pour le rachapt
en ſeize annees de re-vnion à noſtre Domaine deſdites receptes des conſignations, Lettres & Declarations ſur ce interuenues: Que ne voulons & n'entendons nuire ne preiudicier à l'effect deſdits arti-

cles & contract:ains en ce qu'ils pourroient y eftre
contraires, & non autrement, les auons reuocquez
& annullez, reuocquons & annullons par cefdites
prefentes, & entant que befoin eft ou feroit, reſta-
bly & reftabliffons lefdites receptes des confignations en pareil eftat, qualité, nature & condition
qu'elles eftoient auparauant, & ce tant feulement
au profit des defnommez efdits articles & côtract,
& non d'autres, ny autrement en quelque forte &
maniere que ce foit : & nonobftant auffi qu'en ladite reuente ainfi que dit eft, par nous faite, les fo-
lemnitez ordinaires en tel cas requifes & accouftu-
mees n'ayent efté gardees & obferuces, dont pour
bonnes confiderations à ce nous mouuans : Nous
nous fommes en ceft endroit difpenfez, & en a-
uons releué & releuons ceux qui en vertu defdits
articles & contract poffedent & poffederont cy
apres lefdites receptes des confignations. Ne vou-
lans & n'entendans que tel deffaut puiffe en rien
diminuer ny mettre en doute la validité de ladite
reuente, ny de tout le contenu en iceux articles,
& contract. SI DONNONS en mandement à
nos amez & feaux Confeillers, les gens tenans noftre Cour de Parlement, & Chambre des comptes
à Paris, & à tous autres nos Iuges & Officiers qu'il
appartiendra, chacun endroit foy, que cefdites prefentes ils verifient, & icelles, enfemble lefdits articles & contract, facent regiftrer en leurs regiftres:
& le contenu garder, obferuer & entretenir de
poinct en poinct felon leur forme & teneur, plainement & paifiblement, fans fouffrir ny permettre
qu'il y foit contreuenu en quelque maniere que ce
foit, ceffant, & faifant ceffer tous troubles & em-
pefchemens au contraire. Et pource que de cefdi-

tes prefentes, & defdits articles & contract l'on pourra auoir affaire en plufieurs & diuers lieux : Nous voulons qu'au vidimus d'iceux, deuement collationné par l'vn de nos amez & feaux Confeillers, Notaires & Secretaires, foy foit adiouftee comme aux propres originaux. En tefmoin dequoy nous auons fait mettre noftre feel à cefdites prefentes. Donné à Paris le 18. iour d'Octobre, l'an de grace 1617. Et de noftre regne le huictiefme.

Signé,   LOVYS.

Et fur le reply, par le Roy. DE-LOMENIE.

Et feellé du grand feau de cire jaune.

Et à cofté fur ledit reply eft efcrit,

Regiftré, ouy, & ce requerant le Procureur genural du Roy, pour iouyr par les impetrans de l'effect & contenu en icelles. A Paris en Parlement, le 15. iour de Decembre, 1617.

Signé,   VOISIN.

Extraict

Extraict des Regiſtres de Parlement.

V E v par la Cour, les grand' Chambre & Tournelle aſſemblees , les lettres patentes du Roy donnees à Paris, le 18. Octobre 1617. Signees L. o v i s. Et ſur le reply, Par le Roy, Delomenie. Et ſcellees du grand ſeel de cire jaune. Par leſquelles , & pour les cauſes y contenues, ledit Seigneur dit, declare, ordonne, veut & luy plaiſt : Que toutes & chacunes les receptes des conſignations cy deuant eſtablies, tant en ſes Cours de Parlements de Paris & Bourdeaux, Requeſtes du Palais d'icelles, Bailliages, Seneſchauſſees, ſieges Preſidiaux, Preuoſtez & autres Iuſtices, & Iuriſdictions y reſſortiſſantes, que des grand Conſeil, & Cour des Aides, ſoient & demeurent doreſnauant vendues & engagees à tiltre de Domaine & heredité, & à faculté de rachapt perpetuel aux perſonnes deſnommees aux articles & contract, qui en ont eſté cy deuãt accordez en ſon Conſeil, & à ceux qui cy apres auront droict d'eux, pour la ſomme, aux charges & conditions portees par iceux articles & contract, tout ainſi qu'elles eſtoient cy deuant à ceux qui les poſſedoiét en vertu des adiudications à eux faites par les Commiſſaires à ce deputez, en l'executió de l'Edict de creation du mois de Iuin 1578. Et de reunion au Domaine du mois d'Aouſt 1594. Et declaration du 13. Iuillet 1598. Et autres declarations interuenues ſur

iceux, nonobſtant les contracts & arreſts faicts
& donnez audit Conſeil pour le rachapt en ſeize
annees, & reunion au Domaine du Roy deſdites receptes des conſignations : leſquelles en
tant que beſoin ſeroit, ledit Seigneur Roy reſta-
blit en pareil eſtat, qualité, nature & condition
qu'elles eſtoient auparauant, & ce tant ſeulement
au profit des deſnommez eſdits articles, leurs hoirs,
ſucceſſeurs & ayans cauſe, & non d'autres, ny autrement en quelque ſorte & maniere que ce ſoit,
ſelon & comme plus au long le contiennent leſdites lettres. Leſdits articles & contract du 27. Septembre dernier, attachez ſoubs le contreſcel : Re-
queſte preſentee à la Cour par Maiſtre Iean du
Tillet Conſeiller Prothonotaire & Secretaire du
Roy, Greffier de ladite Cour, Claude Gallard
Conſeiller, Notaire & Secretaire du Roy & de
ladite Cour, & Pierre Merault Receueur des conſignations des Requeſtes du Palais, tendant à fin
de verification deſdites lettres & articles : Conclu-
ſions du Procureur general du Roy : Et tout conſi-
deré. LA dite Cour a ordonné & ordonne que leſdites lettres & articles y attachez ſeront regiſtrees
és regiſtres d'icelle, pour jouyr du côtenu en iceux
par leſdits du Tillet, Gallard & Merault, & ceux
qui auront droict d'eux conformément à iceux, ſelon leur forme & teneur. Et a ladite Cour fait inhi-
bitions & deffenſes à toutes perſonnes de quelque
qualité & condition qu'ils ſoient, de toucher aux
deniers deſdites conſignations, les enleuer ne de-
ſtourner ſoubs quelque pretexte & occaſion que
ce ſoit, à peine d'en reſpondre en leurs propres &
priuez noms.

Faict en Parlement, le quinziesme iour de Decembre, l'an 1617.

Signé   VOISIN.

Collationné aux Originaux par moy Conseiller, Notaire & Secretaire du Roy,